<u>INTRODUÇÃO</u>

Como um entusiasta do quiz que se dedica ao quizzing há mais de 25 anos, estou disposto a partilhar os meus conhecimentos com todos vós. 300 perguntas de conhecimento geral abrangem Artes e Entretenimento, Desporto & Ciência & Tecnologia incluídas neste livro. As respostas para cada pergunta de questionário são fornecidas no final do livro. As perguntas foram concebidas para permitir aos amantes do quiz testar e melhorar os seus conhecimentos.

Uma vez que a maioria dos livros foi publicada na língua inglesa, decidi publicar os meus livros em muitas línguas. Este aqui está em português.Por favor perdoe, pois podem existir erros gramaticais.

Para ser um bom Quizzer, tem de procurar e actualizar constantemente os seus conhecimentos. Com base nestas perguntas e respostas, poderá pesquisar mais e reunir mais conhecimentos. Junte-se a mim para o navegar através do universo do conhecimento.

Quiz 01: Oscar Quiz 01

Perguntas

1) Este filme de Hollywood dirigido e estrelado por Orson Welles é freqüentemente considerado o maior de todos os tempos. Foi indicado para prêmios da academia em nove categorias em 1941. O que é este filme?

2) Ela é uma das grandes atrizes de cinema da Era de Ouro de Hollywood, que ganhou dois Oscar de melhor atriz por sua atuação em "Butterfield 8" em 1960, e por "Who's Afraid of Virginia Wolf?" em 1966. Diga o nome desta atriz veterana?

3) Desde sua criação, apenas dois atores ganharam consecutivamente o Oscar de melhor ator. Um deles é Spencer Tracy, em 1937 e 1938. Quem é o outro ator lendário que realizou este raro feito em 1993 e 1994?

4) Na história da Academia (Oscar) Awards, que foi o primeiro filme e sua sequela a ganhar os dois prêmios de melhor filme?

5) maior número de Oscars ganhos por um único filme é 11. Três filmes alcançaram este feito. O primeiro foi Ben Hur, em 1959, e o segundo foi Titanic, em 1997. Qual é o terceiro filme que também ganhou um total de 11 Oscars, em 2003?

6) É um desenho animado de 1932 produzido por Walt Disney & seu primeiro filme da Disney a ganhar um prêmio da academia. O que é isso?

7) Ela foi a primeira vencedora do Oscar de melhor atriz por suas atuações em três filmes: 7th Heaven (1927), Sunrise: A Song of Two Humans (1927), e Street Angel (1928). Esta foi a única ocasião em que uma atriz ganhou um Oscar por múltiplos papéis em filmes. Quem é ela?

8) Ela era uma atriz de teatro e cinema britânica. Ela ganhou dois Oscar de melhor atriz, por suas interpretações definitivas como Scarlett O'Hara em E Tudo o Vento Levou (1939) e Blanche DuBois na versão cinematográfica de A Streetcar Named Desire (1951). Quem é ela?

9) É mais lembrado por ter ganho o Oscar de melhor ator coadjuvante em 1985 por sua estréia no filme The Killing Fields (1984), no qual retratou a jornalista cambojana e refugiada Dith Pran. Ele é o único ator de ascendência asiática a ganhar o Oscar de melhor ator coadjuvante. Dê um nome a ele?

10)Quem é o único ator a ganhar três Oscar de melhor ator por sua atuação em My Left Foot (1990), There Will Be Blood (2018) & Lincoln (2013)?

<u>Quiz 02: Mídia & Televisão</u>

<u>Perguntas</u>

1) Esta revista foi lançada em 1888 e agora goza de uma circulação mundial de quase oito milhões de exemplares por mês. Tendo começado como uma revista científica, ela evoluiu para se tornar uma publicação altamente respeitada. O que é esta revista com sua moldura amarela característica que envolve sua capa?

2) A Time é a maior revista semanal de notícias do mundo (por circulação) e tem uma audiência doméstica (EUA) de 20 milhões e uma audiência global de 25 milhões. A revista Time foi a primeira revista semanal de notícias nos Estados Unidos e foi fundada em 1923 por dois jovens americanos, que anteriormente haviam trabalhado juntos como presidente e editor executivo, respectivamente, do Yale Daily News. Quem fundou a Time?

3) The Sky at Night é um programa de televisão documental mensal sobre astronomia e viagens espaciais produzido pela BBC TV. O programa teve o mesmo apresentador permanente desde sua primeira transmissão, em 1957, até hoje. Isto faz dele o programa de TV mais antigo com o mesmo apresentador na história da televisão. Diga o nome do astrônomo britânico altamente realizado e popularizador espacial que apresenta este programa?

4) Ele foi um titereiro que é mais lembrado como o criador dos Marretas em meados da década de 1950. Como titereiro, ele se apresentou em vários programas de televisão, como The Muppet Show, que começou no Reino Unido em 1974. Quem era ele?

5) Sesame Street é um programa de televisão infantil que ganhou popularidade mundial por duas gerações. A série estreou nas emissoras de TV do Serviço Público de Radiodifusão (PBS) nos EUA em novembro de 1969 e vem rodando há mais de 40 anos com várias inovações e mudanças. Nomeia os dois co-fundadores americanos da Children's Television Workshop, a organização sem fins lucrativos que produz a Sesame Street?

6) Trata-se de uma novela britânica criada pela Granada Television e exibida na ITV desde 9 de dezembro de 1960. Em 17 de setembro de 2010, tornou-se a novela de televisão de maior duração do mundo e foi listada nos recordes mundiais do Guinness. O programa tem atualmente uma média de cerca de sete milhões de espectadores por episódio. O espetáculo estreou seu 10.000º episódio em 7 de fevereiro de 2020. Dê um nome a este programa de TV?

7) Uma revista semanal britânica de notícias foi fundada pelo empresário e banqueiro escocês James Wilson em 1843 com o objetivo de "participar de uma dura competição entre a inteligência, que pressiona para frente, e uma ignorância indigna e tímida que obstrui nosso progresso". Ainda está em publicação, e agora tem uma circulação de mais de 1,6 milhões de exemplares com um alcance global. Qual é o seu nome?

8) É um dos mais longos dramas de rádio da história e um
dos muito poucos ainda em produção nos Estados
Unidos. Ele começou em 1950 e ainda é transmitido uma
vez por semana em mais de 1.550 emissoras de rádio e
é traduzido e redramatizado em oito idiomas em seis
continentes. Desde janeiro de 2020, foram produzidos
mais de 3.600 episódios, cada um com 30 minutos de
duração. Qual é o seu nome?

9) É um jornal japonês que é impresso duas vezes por dia e
em várias edições locais diferentes. Ele tem uma
circulação combinada de manhã e noite de quase 13,5
milhões para sua edição nacional. É creditado por ter a
maior circulação de jornais do mundo. Dê um nome a
este famoso jornal...

10) A revista foi fundada em 1922 por DeWitt Wallace e Lila
Bell Wallace. Desde sua criação, tem mantido uma
perspectiva conservadora e anticomunista sobre
questões políticas e sociais. Suas edições globais
atingem mais de 40 milhões de pessoas em mais de 70
países, através de 49 edições em 21 idiomas. O
periódico tem uma circulação global de 10,5 milhões,
tornando-o a maior revista de circulação paga do mundo.
O que é esta revista?

Quiz 03: Caráteres Famosos

Perguntas

1) Em 1920, Hugh Lofting criou o personagem fictício de um médico que evita pacientes humanos em favor de animais, com os quais ele pode falar em suas línguas. Mais tarde, ele se torna um naturalista, usando suas habilidades de falar com os animais para entender melhor a natureza e a história do mundo. Qual é este famoso personagem?

2) Casey Kasem foi o primeiro ator a dar voz a um personagem de desenho animado na franquia Scooby-Doo. Este personagem é um covarde preguiçoso e o melhor amigo de longa data de seu igualmente covarde Scooby-Doo. O que é este personagem?

3) Ele é o narrador da maioria das histórias de Sherlock Holmes de Sir Arthur Conan Doyle. Ele serviu como cirurgião do exército na Índia, onde foi ferido durante a segunda guerra afegã e voltou para a Inglaterra com a saúde debilitada. Ele é o dedicado amigo e associado de Holmes. Dê um nome a este personagem...

4) Criado por Edgar Rice Burroughs, John Clayton II, Visconde Greystoke é um personagem fictício, um arquétipo de criança feroz criada na selva africana. Mais tarde, ele experimenta a civilização apenas para rejeitá-la e retornar à natureza como um aventureiro heróico. Este personagem apareceu em mais de 25 romances e inúmeros trabalhos em outros meios de comunicação. Por que nome este personagem é comumente conhecido?

5) É um personagem fictício criado pelo romancista francês Jules Verne. É uma figura misteriosa que percorre as profundezas dos mares em seu submarino, o Nautilus, que foi montado a partir de peças fabricadas em vários países diferentes, depois enviado para um endereço de capa. nome deste personagem?

6) Apareceu pela primeira vez no romance thriller Red Dragon, É um personagem de um assassino em série altamente inteligente, com maneiras "impecáveis". Teve um papel maior no filme The Silence of the Lambs 1988, que rendeu a Anthony Hopkins o Oscar de melhor ator. O que é este personagem?

7) Ele é um personagem título e o protagonista do romance de aventura de Alexandre Dumas de 1844, O Conde de Monte Cristo. Ele é um homem inteligente, honesto e amoroso, que se torna amargo e vingativo depois de ser incriminado por um crime que não cometeu. Que personagem é este?

8) É um detetive belga fictício criado por Agatha Christie que aparece em 33 romances, 2 peças de teatro e mais de 50 contos publicados entre 1920 e 1975. Dê um nome a este personagem que foi o único personagem fictício a receber um obituário na primeira página do The New York Times?

9) É um personagem fictício da série de quadrinhos As Aventuras de Tintin. Ele é amigo de Tintin, um professor ausente e físico meio surdo, que inventa muitos dispositivos sofisticados usados na série. Que personagem é este?

10) É um personagem fictício da franquia Toy Story, que é um super-herói do Toy Space Ranger de acordo com os filmes e uma figura de ação da franquia. Junto com Sheriff Woody, ele é um dos dois personagens principais em todos os quatro filmes Toy Story. Dê um nome a este personagem?

Quiz 04: Cinema 01

Perguntas

1) Bruce Lee é uma lenda das artes marciais cuja morte prematura permanece um mistério ainda hoje. Seu filho Brandon Lee também enfrentou o mesmo destino de morrer em tenra idade quando foi baleado e morto enquanto filmava um filme. O que era este filme?

2) Com Julie Andrews, tornou-se o filme mais grandioso de 1964 e, na época de seu lançamento, foi o filme mais grandioso de todos os tempos da Disney. O que é este filme?

3) Evita' é um musical que foi encenado pela primeira vez no West End de Londres em 1978 e na Broadway de Nova York no ano seguinte. Em 1996, foi feito um filme sobre o musical. A história de Evita é baseada na vida de uma ex-primeira dama da Argentina, Eva Peron. Diga o nome da atriz que a retratou?

4) É um filme de comédia romântica americana de 1955 que estrelou Marilyn Monroe. Ele contém uma das imagens mais notáveis do século 20 - Monroe em pé em uma grelha de metrô enquanto seu vestido branco é explodido para cima por um trem que passa. Qual é o nome deste filme?

5) Apenas dois filmes na história do cinema ganharam tanto o melhor filme Oscar quanto a Palma de Ouro, o mais alto prêmio para filmes concorrentes no Festival de Cannes, na França. O Fim de Semana Perdido ganhou estes dois filmes em 1945. Qual é o outro filme que ganhou os dois grandes prêmios em 1955?

6) Produzido e dirigido por Mehboob Khan. Foi o primeiro filme technicolor da Índia, pois foi rodado em Gevacolour 16mm e explodiu em Technicolor. Qual é o nome dele?

7) Golden Raspberry Awards, também conhecido como "Razzies", é dado anualmente ao que é considerado como as piores performances dos filmes de Hollywood. Quem é a única atriz americana que ganhou o Razzie de "pior atriz" e o Oscar de melhor atriz no mesmo ano, indo do pior para o melhor em apenas dois dias?

8) Atrás do Candelabro é um filme de drama biográfico americano de 2013, dirigido por Steven Soderbergh. Ele dramatiza os últimos dez anos na vida de um famoso pianista e a relação que ele teve com Scott Thorson. Dê um nome a este pianista?

9) Este ator de Hollywood desempenhou seu primeiro papel principal em "The Big Trail" em 1930 e passou a estrelar em 142 filmes e teve mais papéis principais do que qualquer outro ator. Dê um nome a este lendário ator...

10)Ele é um dos melhores diretores de cinema na realização de filmes de aventuras para adolescentes. Ele dirigiu Home Alone (1990), Home Alone 2: Lost in New York (1992), Mrs. Doubtfire (1993), Harry Potter and the Sorcerer's Stone (2001), e sua seqüência, Harry Potter and the Chamber of Secrets (2002), e muitos outros. Dê um nome a este diretor de cinema?

Quiz 05: Literatura

Perguntas

1) Ele é um escritor famoso, dramaturgo e ex-presidente da República Tcheca. Como escritor de literatura tcheca, ele é conhecido por suas peças, ensaios e memórias. O Poder dos Ineficazes é um ensaio político expansivo escrito por ele. Quem é ele?

2) Fantasma dos Grandes Bancos é um romance de ficção científica de 1990, escrito por um escritor britânico. A história trata de dois grupos, ambos tentando levantar uma das metades dos destroços do Titanic do chão do Oceano Atlântico a tempo para o centenário do naufrágio em 2012. Quem escreveu este livro?

3) Tinker, Tailor, Soldier, Spy é um romance espião de 1974 onde seu personagem principal é um agente de inteligência de meia-idade taciturno chamado George Smiley que foi forçado a se aposentar, mas que depois é chamado para caçar uma toupeira soviética no 'Circus', o nível mais alto do Serviço Secreto Britânico de Inteligência durante o auge da Guerra Fria. Quem escreveu este romance?

4) Escrito por Sir Arthur Conan Doyle em 1887, este romance foi o primeiro a apresentar o personagem de Sherlock Holmes, que mais tarde se tornaria um dos mais famosos personagens de detetive literário. Dê um nome a este romance?

5) Ele é um dramaturgo italiano, diretor de teatro, cenógrafo e compositor, e recebeu o Prêmio Nobel de Literatura de 1997. Suas obras notáveis incluem "O Virtuoso Ladrão", "Morte Acidental de um Anarquista", "Trombetas e Framboesas", e "O Papa e a Bruxa". Dê um nome a ele?

6) Este autor russo de ficção científica escreveu muitas histórias que são altamente consideradas. Duas de suas histórias, 'The Amphibian Man' e 'Professor Dowell's Head'. Ele morreu de fome na cidade soviética de Pushkin em 1942, enquanto estava ocupada pelos nazistas. Quem é ele?

7) Em 1937, seu primeiro romance, 'O Espírito Amoroso', foi publicado. Depois vieram seus três romances mais famosos, "Jamaica Inn", "Frenchman's Creek" e "Rebecca". Que foram adaptados em filmes pelo diretor Alfred Hitchcock. Dê um nome a este autor e dramaturgo inglês?

8) 'Devdas' é um romance de romance bengali que gira em torno das relações entre seus três protagonistas - Devdas, Parvati e Chandramukhi. Foi um dos romances mais famosos de um romancista e escritor de contos bengali. Suas obras foram feitas em cerca de cinqüenta filmes em muitas línguas indianas, particularmente seu romance Devdas, transformado em oito versões. Dê um nome a este romancista e escritor de contos?

9) escritor americano de ficção científica e fantasia Ray Bradbury deu o nome de seu famoso romance distópico em 1953, após o que ele considerou como o ponto de auto-ignição do jornal. O ponto de auto-ignição real do papel pode variar de acordo com os diferentes atributos do papel em questão. Qual era a temperatura mencionada no romance distópico de Bradbury?

10)De acordo com o Livro Guinness dos Recordes Mundiais, este escritor é o romancista mais vendido de todos os tempos, tendo vendido aproximadamente quatro bilhões de cópias. Este escritor também criou a peça teatral "The Mousetrap", que detém o recorde de maior tiragem inicial. Quem é este escritor que quebra recordes?

Quiz 06: Cinema 02

Perguntas

1) Quem foi o primeiro ator a retratar o personagem James Bond no cinema, estrelando em sete filmes Bond?

2) Foi um filme que foi filmado quase inteiramente no local em Srilanka. Foi baseado na novela de mesmo nome de 1947 do autor H E Bates e estrelado por Gregory Peck, Bernard Lee e Maurice Denham. A história era sobre um piloto canadense servindo na Força Aérea Real na Birmânia nos meses finais da Segunda Guerra Mundial, que está lutando contra a depressão depois de ter perdido sua esposa. O que é este filme?

3) Ele é mais conhecido por seu papel principal como Mohandas Gandhi em Gandhi (1982), de Richard Attenborough, pelo qual ganhou posteriormente o Oscar de Melhor Ator e o Prêmio BAFTA de Melhor Ator em Papel de Líder. Ele também apareceu como Itzhak Stern na Schindler's List de Steven Spielberg (1993).nome deste famoso ator?

4) Apenas três filmes indianos foram indicados para o melhor filme em língua estrangeira em toda a história do Oscar. Dois deles são Mother India e Salaam Bombay Qual é o terceiro e mais recente, que foi dirigido por Ashutosh Gowariker em 2001?

5) Actor Brad Pitt e o diretor Jean-Jacques Annaud foram proibidos de entrar na China após terem feito um certo filme de 1997 baseado no livro homônimo escrito pelo montanhista austríaco Heinrich Harrer sobre suas experiências durante a Segunda Guerra Mundial, o período interino e a invasão do Exército de Libertação do Povo Chinês no Tibete em 1950. Qual é o nome deste filme?

6) É um filme de drama musical americano de 1927, dirigido por Alan Crosland. É o primeiro longa-metragem cinematográfico com não apenas uma partitura musical gravada sincronizada, mas também canto e fala sincronizados em várias seqüências isoladas. O filme apresenta seis canções interpretadas por Al Jolson. O que é este filme?

7) Quem é o ator que retratou o monstro de Frankenstein em vários filmes?

8) Ele fez sua estréia cinematográfica em Saat Hindustani em 1969. Seu papel de protagonista em Zanjeer foi particularmente fundamental para lançá-lo ao estrelato como um herói de filmes de ação. Dos anos 70 até o início dos anos 80, ele apareceu em mais de 100 filmes e dominou a tela de prata com filmes como Trishul, Sholay, e Chashme Buddoor. Dê um nome a este lendário ator indiano?

9) Ele foi uma figura central no movimento cinematográfico de Nova Hollywood dos anos 60 e 70 e é amplamente considerado um dos maiores cineastas de todos os tempos. Sua reputação como cineasta foi cimentada com o lançamento de O Padrinho (1972). O filme revolucionou a produção cinematográfica no gênero gangster. Quem é ele?

10) Ele foi um ator, cineasta e compositor inglês que ganhou fama na era do cinema mudo. Ele se tornou um ícone mundial através de sua personagem na tela, "O Vagabundo", e é considerado uma das figuras mais importantes na história da indústria cinematográfica. Dê um nome a ele?

Quiz 07: Desenhos animados famosos

Perguntas

1) The Adventures of Tintin é uma série cômica criada pelo cartunista belga Georges Remi, A série foi uma das histórias em quadrinhos européias mais populares do século XX. Tintin foi publicada em mais de 70 idiomas com vendas de mais de 200 milhões de cópias e foi adaptada para rádio, televisão, teatro e cinema. Por qual pseudônimo é comumente conhecido o criador do Tintin Tin?

2) personagem de desenho animado, criado em 1968 por Takashi Yanase, um escritor japonês de histórias infantis, continua sendo o personagem de ficção mais popular entre as crianças menores de 12 anos no Japão. Mais de 50 milhões de cópias de livros com este personagem foram vendidas em japonês e uma série de animação de TV iniciada em 1988 pela Nippon Television Network é igualmente popular - e tem sido exportada para outros países. O que é isso?

3) Série de quadrinhos de Astérix sobre guerreiros gauleses, que têm aventuras e lutam contra a República Romana durante a era de Júlio César. O sucesso da série levou à adaptação de seus livros em 13 filmes. Quais são os dois criadores desta série de desenhos animados?

4) Lançado teatralmente em 23 de outubro de 1941, Dumbo foi o quarto filme de animação da Disney. E com apenas 64 minutos, o filme foi também o mais curto e menos caro produzido pelo Estúdio. O adorável elefante bebê tem batido suas orelhas extra-grandes e voado em nossos corações por sete décadas inteiras. Na história, Dumbo foi o apelido pouco gentil dado a ele pelas tias ciumentas. Qual era seu verdadeiro nome como dado por sua mãe?

5) Mickey Mouse é um personagem de desenho animado de um rato antropomórfico que normalmente usa calções vermelhos, grandes sapatos amarelos e luvas brancas, Mickey é um dos personagens mais reconhecíveis do mundo. Quem desenvolveu este famoso personagem?

6) Começou como uma história em quadrinhos do jornal diário em 12 de março de 1951, aparecendo originalmente em 16 jornais. Ele gira em torno de Dennis Mitchell - um menino de cinco anos e meio, precoce mas adorável, de cara sardenta, com um chocalho loiro e uma propensão para as travessuras. A história em quadrinhos é agora desenhada pelos antigos assistentes de seu criador e distribuída a pelo menos 1.000 jornais em 48 países e 19 idiomas. Dê um nome ao cartunista americano que criou Dennis the Menace?

7) Woody Woodpecker é um personagem de desenho animado, um pica-pau antropomórfico com sua marca registrada "Ha-ha-ha-HAA-ha!" que é conhecido e imitado em todo o mundo há gerações. Quem criou o Pica-pau Woody?

8) É um gato fictício criado por Jim Davies retratado como um preguiçoso, gordo e cínico gato persa/tabby laranja. Ele é conhecido por seu amor à lasanha e ao sono, e por seu ódio às segundas-feiras, ao companheiro gato Nermal e ao exercício. Esta tira de quadrinhos foi distribuída em cerca de 2.580 jornais e periódicos e detém o recorde mundial do Guinness por ser a tira de quadrinhos mais amplamente distribuída do mundo. O que é este famoso personagem?

9) É uma sitcom americana de animação produzida pela Hanna-Barbera Productions. A série acontece num ambiente romantizado da Idade da Pedra e segue as atividades da família do título e seus vizinhos do lado, os Rubbles (que também são seus melhores amigos) que vivem em cavernas ao lado uns dos outros. Foi transmitida originalmente no ABC de 30 de setembro de 1960 a 1º de abril de 1966, e foi a primeira série animada a ter um horário nobre na televisão. O que é esta sitcom?

10)É um personagem de desenho animado, criado no final dos anos 30 por Ben Hardaway & Tex Avery e expressado originalmente por Mel Blanc. É um coelho antropomórfico cinza e branco ou lebre, famoso por sua personalidade flipante e insensível. Devido à popularidade durante a era dourada da animação americana, ele se tornou não apenas um ícone cultural americano e a mascote oficial da Warner Bros. Entertainment, mas também um dos personagens mais reconhecíveis do mundo. O que é este personagem?

<u>Quiz 08: Quiz 02 dos Prêmios da Academia</u>

<u>Perguntas</u>

1) Ela fez sua estréia como figurinista de cinema com o filme C.I.D. em 1956. Ela ganhou o Oscar de Melhor Figurino (compartilhado com John Mollo) por seu trabalho no filme de 1982, Gandhi e se tornou a primeira indiana a ganhar um Oscar. Quem é ela?

2) diretor japonês Akira Kurosawa, considerado um dos mais influentes cineastas da história do cinema, ganhou dois prêmios Oscar de melhor filme em língua estrangeira durante sua carreira de 57 anos. Um foi para Rashomon, em 1951. Qual foi o outro filme que ele dirigiu em 1975 para um filme em língua russa? Qual é o nome deste segundo filme, uma produção conjunta soviético-japonesa?

3) Este compositor já ganhou 8 prêmios Oscar, dando-lhe mais Óscares do que qualquer outra pessoa viva. Ele ganhou o Oscar pela melhor partitura original e melhor canção original dos filmes A Pequena Sereia (1989), Bela e a Besta (1991), Aladino (1992), e Pocahontas (1995). Quem é ele?

4) Ele foi um ator, cineasta e empresário inglês que ganhou dois prêmios da academia para Melhor Filme e Melhor Diretor pelo filme Gandhi. Ele é mais lembrado por seus papéis em Brighton Rock (1948), I'm All Right Jack (1959), The Great Escape (1963). Dê um nome a ele?

5) Muitas vezes descrito como "a melhor atriz de sua geração", ela é particularmente conhecida por sua versatilidade e sotaque. Ela foi indicada para um recorde de 21 Prêmios da Academia e já ganhou três. Quem é ela?

6) Ela ganhou o Oscar de melhor partitura original em 1996 para Emma e se tornou a primeira compositora feminina a ganhar um Oscar de melhor partitura original em um filme. Dê um nome a ela?

7) Foi o primeiro ator negro e afro-bahamiano a ganhar um Oscar de melhor ator, por seu papel em Lilies of the Field (1963), no qual interpretou um faz-tudo que fica e ajuda um grupo de freiras de língua alemã a construir uma capela. Dê um nome a ele?

8) Apenas duas pessoas já receberam 4 indicações ao Oscar para um único filme (Produção, Direção, Interpretação e Escrita). Uma é Orson Wells for Citizen Kane, em 1942. A outra pessoa o fez duas vezes. Uma para o Céu Pode Esperar em 1978, e depois para os Vermelhos em 1981. Quem é ele?

9) Nomear o ator britânico que foi nomeado para o Oscar de Melhor Ator em oito ocasiões, mas não conseguiu ganhar um único prêmio?

10) Apenas dois atores se dirigiram a um Oscar de Melhor Ator. Um deles foi Laurence Olivier para Hamlet em 1948. Quem é o outro e ator italiano que se dirigiu a um Oscar na Vida é Bela em 1998?

<u>Quiz 09: Grandes diretores de cinema</u>

<u>Perguntas</u>

1) Ele foi diretor de cinema, produtor, roteirista e editor inglês. Considerado um dos diretores mais influentes de todos os tempos, Lean dirigiu os épicos de grande escala The Bridge on the River Kwai (1957), Lawrence da Arábia (1962), Doctor Zhivago (1965), e A Passage to India (1984). Quem é ele?

2) Conhecido como o "Mestre do Suspense", ele é um dos cineastas mais influentes e amplamente estudados na história do cinema. Embora tenha dirigido filmes de sucesso como Dial M for Murder, Rear Window, Psycho, Vertigo, ele nunca ganhou o Oscar de melhor diretor. Quem é ele?

3) Este cineasta indiano foi celebrado por obras como The Apu Trilogy (1955-59), The Music Room (1958), The Big City (1963), e Charulata (1964). Seu filme Pather Panchali (1955), ganhou onze prêmios internacionais, incluindo o prêmio inaugural de Melhor Documento Humano no Festival de Cinema de Cannes de 1956. Quem é este diretor?

4) Ele é mais conhecido por fazer filmes de ficção científica e épicos para o cinema de Hollywood. Ele ganhou o primeiro reconhecimento por dirigir The Terminator (1984). Suas outras produções de grande orçamento incluem Titanic (1997) e Avatar (2009). Dê um nome a ele?

5) Ele é reconhecido como pai fundador do cinema americano e o mais bem sucedido comercialmente produtor-diretor da história do cinema. Seu primeiro épico bíblico, Os Dez Mandamentos (1923), foi um sucesso tanto crítico quanto comercial; ele manteve o recorde de receita da Paramount por vinte e cinco anos. Dê um nome a ele?

6) Ele se tornou um nome familiar como diretor de Jaws (1975), seus lançamentos posteriores, como a franquia Indiana Jones, E.T. the Extra-Terrestrial (1982) e Jurassic Park (1993), tornaram-se arquétipos da moderna produção cinematográfica escapista de Hollywood. Quem é este diretor?

7) Ele foi um diretor e produtor de filmes suíço-alemão. Trabalhos notáveis incluem Mrs. Miniver (1942), The Best Years of Our Lives (1946), e Ben-Hur (1959), todos os quais lhe valeram o Oscar de melhor diretor e melhor filme, tornando-o o único diretor dos três vencedores do prêmio de melhor filme. Quem é ele?

8) Ele foi diretor e roteirista de cinema japonês, que dirigiu 30 filmes em uma carreira de 57 anos. Seu filme Rashomon ganhou o Leão de Ouro no Festival de Veneza de 1951 e Ikiru (1952), Sete Samurais (1954) & Yojimbo (1961) estavam entre seus trabalhos notáveis. Dê um nome a ele?

9) Ele é conhecido tanto pelos westerns como Stagecoach (1939), The Searchers (1956) e The Man Who Shot Liberty Valance (1962), quanto pelas adaptações de romances clássicos americanos do século XX, como The Grapes of Wrath (1940). Ele foi o ganhador de cinco prêmios da Academia, incluindo um recorde de quatro vitórias para Melhor Diretor. Dê um nome a ele?

10)Ele é um diretor de cinema taiwanês que se tornou o Primeiro asiático a ganhar o prêmio de Melhor Diretor pelo filme Brokeback Mountain e ganhou o mesmo prêmio por Vida de Pi. Ele é um dos quatro diretores a ganhar duas vezes o Leão de Ouro e o único cineasta a ser premiado duas vezes com o Urso de Ouro. Quem é ele?

<u>Quiz :10 Nome do Filme</u>

<u>Perguntas</u>

1) Este é um filme épico de romance histórico americano de 1939 adaptado do romance de 1936 de Margaret Mitchell. Os papéis principais são interpretados por Vivien Leigh (Scarlett), Clark Gable (Rhett), Leslie Howard (Ashley) e Olivia de Havilland (Melanie). Quando ajustado para a inflação monetária, ainda é o filme com o maior índice de crescimento da história. Dê um nome a este filme?

2) Este é um filme de drama épico mudo americano de 1915, dirigido por D. W. Griffith e estrelado por Lillian Gish. Foi o primeiro filme de 12 carretéis já feito. Foi um enorme sucesso comercial e influenciou profundamente tanto a indústria cinematográfica quanto a cultura americana. Dê um nome a este filme?

3) Este é um filme de drama histórico épico americano de 1959 dirigido por William Wyler, produzido por Sam Zimbalist, e estrelado por Charlton Heston como o personagem título. Tinha o maior orçamento (US$ 15,175 milhões), assim como os maiores conjuntos construídos de qualquer filme produzido na época. Ganhou um recorde de onze prêmios da Academia entre 12 indicações. Dê um nome a este filme?

4) É um filme de crime americano de 1972 dirigido por Francis Ford Coppola que co-escreveu o roteiro com Mario Puzo, baseado no best-seller de Puzo de 1969 com o mesmo nome. O filme estrelou Marlon Brando, Al Pacino, James Caan, e Diane Keaton. A história, que vai de 1945 a 1955, narra a família Corleone sob o patriarca Vito Corleone (Brando), focalizando a transformação de um de seus filhos, Michael Corleone (Pacino), de um estranho relutante da família para um chefe mafioso implacável. Dê um nome a este filme?

5) Este filme de comédia romântica americana pré-código 1934 com elementos de comédia de screwball dirigido e co-produzido por Frank Capra. É o primeiro de apenas três filmes a ganhar os cinco principais Oscar. Dê um nome a este filme?

6) Este filme de comédia-drama americano de 1994 foi dirigido por Robert Zemeckis e escrito por Eric Roth. O filme permaneceu nos cinemas por 42 semanas, ganhando 329,7 milhões de dólares nos Estados Unidos e Canadá, tornando-o o quarto filme de maior bilheteria da época. E também este filme ganhou seis prêmios da Academia e o ator principal ganhou prêmios consecutivos para o Oscar de Melhor Ator. Dê um nome a este filme?

7) É um filme de comédia de amigos de 1995, produzido pelos estúdios Pixar Animation. O enredo se concentra na relação entre um boneco de cowboy à moda antiga chamado Woody e uma figura de ação astronauta, Buzz Lightyear, enquanto evoluem de rivais competindo pelos afetos de seu dono Andy Davis, para amigos que trabalham juntos para se reencontrarem com ele depois de serem separados dele. Dê um nome a este filme?

8) Desde seu lançamento em 1994, este filme tem sido considerado um dos maiores filmes já feitos e tem sido elogiado como influente no gênero cinematográfico de guerra. O filme segue o Capitão John H. Miller e seu esquadrão enquanto procuram por um pára-quedista, o último irmão sobrevivente de uma família de quatro, tendo seus outros três irmãos sido mortos em ação. Dê um nome a este filme?

9) É o primeiro filme da série James Bond, que faturou pouco mais de 5 bilhões de dólares só em bilheteria, tornando a série uma das mais altas bilheterias de todos os tempos. Estrelando Sean Connery como James Bond, O filme foi produzido por Harry Saltzman e Albert R. Broccoli, uma parceria que continuou até 1975. Dê um nome a este filme?

10)Este é um filme de ação de 2001, dirigido por Rob Cohen e escrito por Gary Scott Thompson e David Ayer. Segue Brian O'Conner, um policial disfarçado encarregado de descobrir as identidades de um grupo de sequestradores de automóveis desconhecidos, liderados por Dominic Toretto. O filme foi um sucesso comercial, com um valor bruto de mais de 200 milhões de dólares no mundo inteiro. Dê um nome a este filme?

Quiz 11: Quem é esse jogador de futebol?

Perguntas

1) Ele é um jogador holandês que foi nomeado Jogador Mundial do Ano da FIFA em 1992 e venceu o Balloon d'Or três vezes, em 1988, 1989 e 1992. Ele jogou sua última partida em 1993 aos 28 anos devido a uma lesão que forçou sua aposentadoria dois anos depois. Quem é ele?

2) Conhecido como "O Divino Rabo de Renda", ele é o único italiano a marcar em três Copas do Mundo. Na final da Copa do Mundo da FIFA de 1994, ele deu um chute decisivo na barra, o que significava que os brasileiros conquistaram o título, resultando em um dos momentos mais perturbadores da história da Copa do Mundo. Quem é ele?

3) Ajudou Portugal a alcançar o terceiro lugar na Copa do Mundo de 1966, sendo o maior goleador do torneio com nove gols, incluindo quatro em uma partida contra a Coréia do Norte. Ele ganhou o prêmio Balloon d'Or de jogador de futebol europeu do ano em 1965 e foi vice-campeão em 1962 e 1966. Quem é ele?

4) Considerado um dos melhores atacantes de sua geração, conhecido principalmente por golpes poderosos de voleios ou à distância enquanto corre, este argentino é o único jogador na história do futebol a marcar dois truques de chapéu em diferentes Copas do Mundo. Quem é ele?

5) Em 1962, quando Pelé se machucou, levou o Brasil à vitória na Copa do Mundo com um desempenho dominante durante todo o torneio. Ele também se tornou o primeiro jogador a vencer a Bola de Ouro (Jogador do torneio), a Bota de Ouro (marcador principal) e a Copa do Mundo no mesmo torneio. Quem é ele?

6) Ele era um jogador de futebol colombiano que jogava como zagueiro. Ele foi assassinado após a Copa do Mundo da FIFA de 1994, supostamente como retaliação por ter marcado um gol que contribuiu para a eliminação da equipe do torneio. Seu assassinato manchou a imagem do país internacionalmente. Quem é ele?

7) Ele é um jogador profissional francês. Um avançado prolífico, ele é mais conhecido por marcar mais gols em uma única edição da Copa do Mundo da FIFA, com 13 em seis partidas em 1958. Quem é ele?

8) Este ex-jogador de futebol profissional inglês. Atacante, ele continua sendo o único homem a marcar um hat-trick na final da Copa do Mundo, quando a Inglaterra registrou uma vitória por 4 a 2 sobre a Alemanha Ocidental no Estádio de Wembley em 1966?

9) Este jogador de futebol francês ganhou 97 jogos pela seleção e marcou 16 gols internacionais. Ele representou o país em vários torneios internacionais, incluindo a Copa do Mundo da FIFA de 1998 e a UEFA Euro 2000, que a França venceu. Em 28 de junho de 1998, ele marcou o primeiro gol de ouro na história da Copa do Mundo contra o Paraguai. Quem é ele?

10)Duas vezes nomeado Jogador de Futebol Europeu do Ano, este jogador alemão foi o primeiro a levantar a Copa do Mundo como capitão em 19741 e como gerente em 1990?

<u>Quiz 12: Questionário das Olimpíadas 01</u>

<u>Perguntas</u>

1) Quem era conhecido como o pai dos modernos Jogos Olímpicos?

2) É o único estádio do mundo construído inteiramente de mármore. Ele sediou as cerimônias de abertura e encerramento das primeiras Olimpíadas modernas em 1896 e foi o local de 4 dos 9 esportes disputados. Qual é o nome deste estádio?

3) Em que cidade francesa, os primeiros Jogos Olímpicos de Inverno de 1924?

4) Ao ganhar a medalha de ouro do salto triplo olímpico de 1896; este jogador se torna o primeiro campeão olímpico moderno. Quem é ele?

5) Ela era uma tenista inglesa que ganhou cinco títulos individuais no Campeonato de Wimbledon e em 1900 se tornou campeã olímpica. Ao vencer em Paris em 11 de julho de 1900, ela se tornou a primeira campeã olímpica de tênis, além da primeira campeã olímpica individual. Quem é ela?

6) Ele era um transportador de água grego que venceu a primeira maratona olímpica moderna nos Jogos Olímpicos de Verão de 1896. Após sua vitória, ele foi comemorado como um herói nacional. Quem era ele?

7) Ele era um atleta alemão que ganhou quatro títulos olímpicos em ginástica e luta livre nos Jogos Olímpicos de Verão de 1896 em Atenas, tornando-se o atleta de maior sucesso nos Jogos Olímpicos inaugurais da era moderna. Nomeie-o?

8) Ele era um atleta e tenista australiano que foi o primeiro atleta olímpico da Austrália, sendo seu único representante em 1896 e o primeiro campeão olímpico nos eventos de corrida de 800 metros e 1500 metros. Quem é ele?

9) Quem foi o primeiro afro-americano a ganhar uma medalha de ouro olímpica em um evento individual: o salto em distância nos jogos de verão de Paris de 1924?

10) Ao ganhar uma medalha de bronze nas Olimpíadas de 1896 aos 10 anos e 218 dias, ele continua sendo o mais jovem medalhista e competidor da história olímpica. Nomeie-o?

Quiz 13: Campeões Olímpicos de 100 metros

Perguntas

1) Ele foi o primeiro campeão olímpico nos 100 metros. Ele não tinha essa reputação no primeiro evento em que entrou nos Jogos Olímpicos modernos inaugurais em Atenas, em 1896. Com muitos velocistas ausentes, ele surpreendentemente venceu os 100 metros com um tempo de 12,0 segundos. Nomeie-o?

2) Ela era a mais jovem campeã olímpica de 100m até hoje. E também foi a vencedora dos primeiros 100 m olímpicos para mulheres em 1928. Quem é ela?

3) Apelido "A dona de casa voadora", ela foi a atleta de maior sucesso nas Olimpíadas de 1948. Com sua medalha de ouro a 100 milhões de mulheres, ela se tornou a mais antiga vencedora do evento. Nomeie-a?

4) Ele era um velocista dominante e saltador longo que superou o ranking mundial nos eventos de 100 m, 200 me salto em distância, frequentemente de 1981 ao início dos anos 90. Nomeie esse grande atleta que é o primeiro spinster masculino a ganhar medalhas de ouro em Jogos Olímpicos consecutivos?

5) Ele é o único atleta britânico a ganhar medalhas de ouro nos 100 metros nas quatro principais competições abertas aos atletas britânicos. Em 1992, ele correu 9,96 s na final e, aos 32 anos, 121 dias se tornaram os 100m olímpicos mais antigos. Quem é ele?

6) Ela é uma velocista americana aposentada de atletismo e a primeira pessoa, homem ou mulher a manter o título olímpico nos 100 m nas Olimpíadas de 1964 e 1968. Nomeie-a?

7) Ele foi o único canadense a ganhar uma medalha de ouro nos 100 m olímpicos. Ele registrou um tempo de 9,84 segundos para ganhar a medalha de ouro nos Jogos Olímpicos de 1996, que era um recorde mundial na época. Quem era ele?

8) Ele foi o único atleta sul-africano a ganhar a medalha de ouro olímpica. Nas Olimpíadas de 1908, ele realizou o evento em 10,8 segundos. E ele ainda é o vencedor mais jovem dos 100 metros olímpicos a partir de 2016 (a 19 anos e 128 dias). Quem é ele?

9) Esta solteirona bielorrussa venceu os 100 metros femininos nos Jogos Olímpicos de Verão de 2004 em Atenas em 10,93 segundos, tornando-se a primeira atleta não negra e a primeira não americana a vencer o evento desde os Jogos Olímpicos de Verão de 1980. Quem é ela?

10) No evento olímpico de 100 metros, ele é a única pessoa a ganhar as três medalhas. Ele ganhou o ouro em 2004, bronze em 2012 e prata em 2016?

<u>Quiz 14: Questionário de Críquete 01</u>

<u>Perguntas</u>

1) Quem detém o recorde de maior pontuação individual no críquete de primeira classe, com 501 não disputando Warwickshire contra Durham em Edgbaston em 1994?

2) Ele foi o primeiro batedor a marcar um século para a Índia no teste de críquete e foi o primeiro capitão independente de críquete da Índia. Nomeie-o?

3) Quem é o único jogador de críquete de teste a jogar na Índia e na Inglaterra?

4) Em que campo de críquete, Sir Don Bradman marcou seus dois séculos triplos?

5) Quem é o jogador lembrado principalmente por levar o postigo de Donald Bradman para um pato nas entradas finais da partida de Bradman, nas quais ele precisava de apenas quatro corridas para uma média de teste de 100?

6) Quem é o primeiro jogador a levar cinco postigos para testar o críquete?

7) Quem é o primeiro jogador de críquete a marcar séculos nas duas entradas?

8) Quem foi o primeiro jogador a fazer um truque de chapéu de teste?

9) Ele é considerado um dos melhores batedores para jogar nas Índias Ocidentais e um dos maiores jogadores de críquete de todos os tempos. Ele marcou 2.190 corridas em testes com uma média de 60,83 e apelidado de "Black Bradman". Quem é ele?

10) Ele foi o principal expoente do estilo de boliche conhecido como "coroa", cujo uso durante a turnê do Clube de Críquete Marylebone (MCC) na Austrália em 1932–33 causou um furor que provocou um fim prematuro e acrimonioso em sua carreira internacional. . Nomeie este jogador?

Quiz 15: Questionário de Tênis

Perguntas

1) Quem é o primeiro afro-americano a ganhar um título de Grand Slam?

2) Ele foi o primeiro jogador a vencer um "Grand Slam da Carreira", conquistando todos os quatro títulos individuais. Ele continua sendo o único jogador britânico a conseguir isso. Ele também foi jogador de tênis de mesa e se tornou campeão mundial em 1929. Quem é ele?

3) Cite o único tenista (masculino ou feminino) na história do jogo que ganhou todos os quatro títulos de Grand Slam, bem como a medalha de ouro olímpica, todos no mesmo ano civil (1988)?

4) Ele é um ex-mundo No. 1 tenista da Suécia. Ele é o primeiro jogador a ganhar cinco títulos de Wimbledon na Era Aberta. Mas ele nunca foi capaz de vencer o Aberto dos EUA em quatro finais. Nomeie-o?

5) Quem é o único jogador negro a ganhar o título de solteiro masculino em Wimbledon, no US Open e no Australian Open?

6) Ela venceu o campeonato de Wimbledon um recorde 9 vezes, incluindo uma série de seis títulos consecutivos entre 1982 e 1987. E também ela é a única jogadora na história a ocupar o primeiro lugar em singles e duplas por mais de 200 semanas. Quem é ela?

7) Quem é a primeira dupla de irmãos e irmãs na competitiva história internacional de tênis para alcançar o primeiro lugar na Rússia?

8) Quem foi o único jogador a vencer o Aberto dos EUA em três superfícies diferentes: grama, argila e força?

9) Qual jogadora se tornou vítima de um ataque em quadra, quando um homem a esfaqueou nas costas com 9 polegadas de comprimento enquanto jogava na xícara de cidadãos de 1993 em Hamburgo?

10)Quem é o único jogador a alcançar duas vezes um Grand Slam em singles, em 1962 e 1969, e este último continua sendo a única vez que um homem o faz na Era Aberta?

Quiz 16: Misture esportes Questionário

Perguntas

1) Qual é o esporte que foi proibido para Lefthanders?

2) Quantos membros em um time de beisebol?

3) Nascido na Bulgária, descendente de turcos, esse esportista foi apelidado de 'Pocket Hercules' devido à sua pequena estatura (4 pés e 10 polegadas de altura). Ele venceu três campeonatos olímpicos (em 1988, 1992 e 1996), sete campeonatos mundiais e seis campeonatos europeus e estabeleceu 46 recordes mundiais em levantamento de peso. Quem é esse levantador de peso campeão?

4) Este grão-mestre norueguês de xadrez tornou-se recentemente o número um do mundo mais jovem da história da FIDE aos 19 anos. Quem é ele?

5) Quem é jogador de basquete nascido na Alemanha se tornou o primeiro jogador europeu a ganhar o prêmio de Jogador Mais Valioso na National Basketball Association (NBA) dos Estados Unidos?

6) Esta ginasta bielorrussa dominou as Olimpíadas de 1992 em Barcelona, conquistando seis medalhas de ouro em oito eventos. Quem é esse atleta?

7) Quem é o inventor do Volley Ball?

8) O judô foi a primeira arte marcial japonesa a obter amplo reconhecimento internacional e a primeira a se tornar um esporte olímpico oficial. Quem foi o fundador do judô?

9) Ele foi o primeiro atleta a ganhar uma medalha de ouro no mesmo evento individual em quatro Jogos Olímpicos consecutivos. Ele ganhou o ouro por discutir as Olimpíadas de 1956 a 1968. Nomeie-o?

10) Quem é esse remador olímpico que a história lembrará da façanha inacreditável de ganhar cinco (5) medalhas de ouro olímpicas em cinco Jogos Olímpicos consecutivos?

<u>Quiz 17: Questionário das Olimpíadas</u>

<u>Perguntas</u>

1) O Comitê Olímpico Internacional é a autoridade responsável pela organização dos modernos Jogos Olímpicos de verão e inverno. Onde fica a sede do COI?

2) Cinco países - Grécia, Grã-Bretanha, França, Suíça e Austrália (duas vezes combinados com a Nova Zelândia como Australásia) - estão representados em todos os Jogos Olímpicos de Verão desde 1896. Qual é o único país entre eles que ganhou pelo menos uma medalha de ouro em todos os Jogos Olímpicos de Verão?

3) O basquete é um esporte olímpico regular desde 1936. Desde esse ano até 2008, apenas quatro equipes conquistaram a medalha de ouro no basquete masculino. Os EUA e a antiga União Soviética são dois deles. Cite os únicos outros dois países que conquistaram a medalha de ouro no evento olímpico de basquete masculino?

4) Ele quebrou o recorde existente por uma margem de 55 cm (21 2⁄3 pol.) e seu recorde mundial permaneceu por quase 23 anos, até ser quebrado em 1991 por Mike Powell. A partir de 2020, o salto ainda é o recorde olímpico e o segundo maior salto legal do vento na história. Quem é ele?

5) Ela detém o recorde de medalhas de ouro mais olímpicas por uma ginasta, masculina ou feminina, com 9. Seu total de 18 medalhas olímpicas foi recorde por 48 anos. Entre 1956 e 1964, ganhou 14 medalhas olímpicas individuais e quatro medalhas de equipe. Quem é ela?

6) Quem é o único atleta olímpico, masculino ou feminino, que ganhou uma medalha de ouro em todos os eventos de sprint (corrida) de 100, 200 e 400 metros?

7) Quem foi o primeiro campeão olímpico asiático em um evento individual ao vencer os eventos de salto em distância e salto em altura nos Jogos Olímpicos de 1924?

8) Quem foi o empresário e escritor grego foi o primeiro presidente do Comitê Olímpico Internacional (COI), de 1894 a 1896?

9) Quem detém recordes como o atleta olímpico mais antigo no momento da competição, a pessoa mais velha a ganhar ouro e a pessoa mais velha a ganhar uma medalha olímpica?

10) Seis meses antes das Olimpíadas de 1988, ele foi diagnosticado com HIV e começou a ser anti-retroviral. Ele machucou a cabeça nas Olimpíadas de Seul em 1988 e um pouco de sangue entrou na piscina. Ele ganhou medalhas de ouro nos Jogos Olímpicos de Verão de 1984 e 1988, tanto no trampolim quanto na plataforma. Ele é o único homem e o segundo mergulhador na história olímpica a varrer os eventos de mergulho em Jogos Olímpicos consecutivos. Nomeie-o?

Quiz 18: Grandes pugilistas

Perguntas

1) Ele é um ex-boxeador profissional que competiu de 1989 a 2003. Ele é tricampeão mundial dos pesos pesados, bicampeão linear e continua sendo o último peso pesado a conquistar o campeonato indiscutível. Quem é ele?

2) Este atleta foi escolhido como Personalidade Esportiva do Século XX em 1999 pela BBC e como o 'Esportista do Século pela revista Sports Illustrated. Ele também foi apelidado de "Louisville Lip - The Greatest" e uma vez jogou sua medalha de ouro olímpica no rio Ohio por causa de um ato de racismo. Quem é esse pugilista?

3) Apelidado de "Brown Bomber", ele foi o Campeão Mundial de Pesos Pesados de 1937 a 1949, tornando-o o mais antigo campeão mundial de pesos pesados de todos os tempos. Ele disputou 72 partidas de pesos pesados em sua carreira e perdeu apenas três. Nomeie este lendário boxeador?

4) Quem Mohammad Ali lutou para recuperar o Campeonato Mundial de Boxe Pesado em Kinshasa, Zaire, em 1974? Essa luta era conhecida como 'Rumble in the Jungle' e foi orquestrada pelo controverso promotor de boxe Don King. Ali venceu nocauteando seu oponente na oitava rodada?

5) Quem é o único campeão dos pesos pesados que terminou sua carreira invicto?

6) Mohammad Ali foi espancado pela primeira vez por este boxeador em uma luta nomeada pela mídia como a 'Luta do Século' - ocorreu no Madison Square Garden, em Nova York, em 1971. A luta foi exagerada porque os dois boxeadores estavam invictos na época. Este boxeador lutou com Ali mais duas vezes antes de perder para Ali por decisão. Sua última luta famosa ocorreu nas Filipinas e foi chamada de "Thriller in Manila". Quem é esse boxeador, que foi apelidado de "Smoking Joe"?

7) Ele foi o primeiro boxeador dos pesos pesados a manter os títulos WBA, WBC e IBF simultaneamente. Ele ainda detém o recorde mundial por ter sido o mais jovem campeão dos pesos pesados (aos 20 anos e 4 meses). Tendo tido uma carreira controversa e, ele foi apresentado no Hall da Fama do Boxe Internacional em 1 de 2011. Quem é ele?

8) Ele é frequentemente chamado de o melhor boxeador defensivo da história, além de ser o perfurador mais preciso desde a existência do CompuBox, com a maior proporção de mais menos no histórico de boxe registrado. Ele competiu entre 1996 e 2015 e teve uma carreira invicta? Nomeie-o?

9) Ele continua sendo o único boxeador da história a vencer o campeonato indiscutível em duas classes de peso. Ele venceu a partida de 1997 contra Mike Tyson, depois que Tyson se desqualificou na terceira rodada por morder parte de seu ouvido. Quem é esse boxeador?

10)Ele é um boxeador profissional filipino e o primeiro boxeador a vencer o campeonato linear em cinco classes de peso diferentes. E também ele é o primeiro boxeador a conquistar grandes títulos mundiais em quatro das oito "divisões de glamour": peso mosca, peso pena, peso leve e peso médio. Nomeie-o?

Quiz 19: Grandes nadadores

Perguntas

1) Este nadador australiano venceu o evento de estilo livre de 100m por três anos consecutivos em 1956, 1960 e 1964, tornando-a uma das únicas três nadadoras da história olímpica que venceu o mesmo evento em três Olimpíadas consecutivas, sendo as outras duas Michael Phelps e Kristina Egerszegi. Nomeie este famoso nadador?

2) Ele foi a primeira pessoa a ter sido nomeada nadadora mundial do ano quatro vezes. Ele é um australiano especializado em estilo livre, mas também competiu nas costas e na medalha individual. Ele ganhou cinco medalhas de ouro olímpicas, a mais conquistada por qualquer australiano. Com três medalhas de ouro e duas de prata. Nomeie-o?

3) Ela é uma nadadora do Zimbábue que é a atleta olímpica mais decorada da África. Nos Jogos Olímpicos de Verão de 2004, em Atenas, Grécia, ela ganhou três medalhas olímpicas: ouro, prata e bronze, enquanto nos Jogos Olímpicos de Verão de 2008 em Pequim ganhou quatro medalhas: ouro e três de prata. Cite essa nadadora que se aposentou da natação após sua quinta Olimpíada, tendo conquistado as medalhas mais individuais na natação feminina na história olímpica?

4) O nadador americano Michael Phelps foi aos Jogos Olímpicos de 2008 em Pequim, procurando quebrar o recorde anterior de sete medalhas de ouro de Mark Spitz. No entanto, a missão quase terminou no início do revezamento de 4 x 100m no estilo livre. Qual nadador nadou na perna da âncora e conseguiu uma vantagem quase total, ajudando Phelps a realizar seu sonho de ganhar oito medalhas de ouro em um único jogo olímpico, um feito alcançado por mais ninguém?

5) Este nadador dos EUA é um dos atletas olímpicos mais condecorados da história, com doze medalhas, incluindo oito medalhas de ouro, nos Jogos Olímpicos de Verão de 1992, 1996, 2000 e 2004. Ela manteve o recorde mundial no estilo livre de 50 e 100 metros quando participou das Olimpíadas de 1992 em Barcelona. Nomeie-a?

6) Ele é um ex-nadador russo. Ele ganhou o ouro nos 50 metros e 100 m de estilo livre nas Olimpíadas de 1992 e repetiu o feito nas Olimpíadas de 1996, e é o único homem na história dos Jogos Olímpicos a defender os dois títulos. Quem é ele?

7) Ela é uma nadadora competitiva húngara especializada em eventos individuais de medley. Ela foi a primeira nadadora (masculina ou feminina) a manter recordes mundiais em todos os cinco eventos individuais de medley ao mesmo tempo. Quem é ela?

8) Ele é o único nadador da história que conseguiu vencer o duplo estilo livre de 100 a 200 metros nas Olimpíadas e também repetir como 100 campeões de estilo livre nas Olimpíadas. Seus três ouro olímpico são os únicos três vencidos por um nadador holandês. Quem é ele?

9) Ela é uma campeã olímpica alemã de natação mais famosa por ser a primeira mulher a ganhar seis medalhas de ouro em um único Jogos Olímpicos, nos Jogos Olímpicos de Seul em 1988. E também ela foi a primeira mulher a nadar em um curso curto de 100 metros em menos de um minuto. Nomeie-a?

10) Nos Jogos Olímpicos de Verão de 2000, este nadador ganhou uma medalha de ouro no estilo livre masculino de 50 metros. Ele parou de nadar competitivamente aos 22 anos em 2003 e leiloou sua medalha de ouro olímpica de 2000 no eBay para ajudar os sobreviventes do tsunami de 2004, mas começou a treinar novamente em 2011. Nos Jogos Olímpicos de Verão de 2016, 16 anos após sua primeira medalha de ouro olímpica, ele venceu o evento pela segunda vez, aos 35 anos, tornando-se o mais antigo vencedor individual de medalha de ouro olímpica na natação. Nomeie este nadador?

<u>Quiz 20: Questionário de Críquete 02</u>

<u>Perguntas</u>

1) Quem é o único batedor na história do ODI a enfrentar mais de 200 entregas em uma única entrada?

2) Quem é o único jogador a marcar mais de 150 corridas nas duas entradas de uma partida de críquete de teste?

3) A equipe de críquete da Nova Zelândia não tinha um único jogador maori até que este goleiro de Auckland estreou na Nova Zelândia no início dos anos 90. Nomeie este jogador que apareceu em 78 partidas de teste e 179 internacionais de um dia?

4) O maior ícone de críquete da Índia, Sachin Tendulkar, amplamente considerado o maior batedor da história do críquete. Sachin jogou 200 partidas de teste e 463 ODIs. Em quantos internacionais do T20 ele jogou?

5) Quem é o primeiro jogador de críquete a conseguir um duplo raro de pegar Tomando cinco postigos ou marcando um século em uma partida de críquete de 50 ao longo de um dia no Internacional, marcando 112 não fora e levando 6 postigos para 31 corridas?

6) Quem é o único jogador a comandar um lado em cem partidas de teste?Ele também tem mais vitórias como capitão, com 53 vitórias.

7) Este jogador de críquete marcou 242 corridas contra a Índia em 2003. Continua sendo a mais alta entrada de testes individuais em uma causa perdida. Quem é esse homem-mate?

8) Ele é considerado um dos melhores polivalentes da história do críquete limitado. Ele é o único jogador a marcar mais de 10.000 corridas e capturar mais de 300 postigos no críquete One Day International. Nomeie este jogador?

9) Quem é o único jogador de críquete a marcar um século duplo como vigia noturno no teste de críquete?

10)Ele é provavelmente o jogador de críquete mais azarado de todos os tempos. Em seu único teste para a Inglaterra em 1924, apenas 66,5 overs foram possíveis devido à chuva. Ele é o único jogador de críquete que nunca bateu, jogou ou pegou uma captura em toda a sua carreira de teste. Nomeie-o?

<u>Quiz 21: Science Quiz 01</u>

<u>Perguntas</u>

1) Como é comumente chamada a membrana timpânica?

2) Qual é o nome comum para a doença de Hansen?

3) Qual é o nome do primeiro humano a nascer após a concepção por fertilização in vitro?

4) Tungstênio é um elemento químico com o símbolo químico W e o número atômico 74. O símbolo W é derivado do nome latino do elemento. Você pode dar o nome latino de Tungstênio?

5) Em 1844, um dentista chamado Horace Wells em Connecticut, EUA, foi o primeiro a usar com sucesso um anestésico para extrair dentes. Qual era o anestésico que ele usava, um gás comumente conhecido como "gás do riso"?

6) Os biocombustíveis são fontes de combustível que são derivadas de plantas. Um dos principais tipos de biocombustível é o bioetanol, álcool produzido por culturas em fermentação. Fontes não alimentares, como algumas árvores e gramíneas, também podem ser matérias-primas para o bioetanol. Os Estados Unidos e o Brasil lideram a produção industrial de etanol combustível que estes dois países representam mais de 85% da produção mundial. De que planta é derivada a maior parte do etanol do Brasil?

7) BCG é uma vacina contra a tuberculose que é preparada a partir de uma cepa do bacilo vivo enfraquecido da tuberculose bovina, Mycobacterium Bovis. O que significa BCG?

8) modelo cosmológico predominante do universo observável descreve a expansão do universo desde o estado inicial de alta densidade/alta temperatura através de sua evolução em larga escala que aconteceu ao longo de bilhões de anos. Qual é o nome dado ao modelo cosmológico prevalecente?

9) Uma reação química que ocorre dentro das folhas de uma planta, produzindo alimentos para a planta sobreviver, requer água, dióxido de carbono e luz. Como é conhecida esta reação química particular?

10) latido é um barulho mais comumente produzido por cães. Mas surpreendentemente, devido a uma condição incomum, uma raça de cão não é capaz de latir, daí o apelido de "Barkless Dog". Em vez disso, ele produz um som incomum como o de um yodel, comumente conhecido como "Barroo". Qual é o nome desta raça?

Quiz 22: Grandes Médicos

Perguntas

1) Ele foi um médico britânico que recebeu o Prêmio Nobel de Fisiologia ou Medicina em 1902 por seu trabalho sobre a transmissão da malária, tornando-se o primeiro britânico laureado com o Nobel, e o primogênito fora da Europa. Quem era ele?

2) Ele é lembrado por seus notáveis avanços nas causas e na prevenção de doenças, e suas descobertas salvaram muitas vidas desde então. Ele reduziu a mortalidade por febre puerperal e criou as primeiras vacinas contra a raiva e o antrax. Dê um nome a ele?

3) Quem foi o médico e cientista inglês pioneiro no conceito de vacinas, incluindo a criação da vacina contra a varíola, a primeira vacina do mundo?

4) Quem foi o médico e microbiologista escocês mais conhecido são as descobertas da enzima lisozima em 1923 e a primeira substância antibiótica amplamente eficaz do mundo, a benzilpenicilina (Penicilina G) do molde Penicillium Rubens em 1928?

5) Quem foi o cirurgião cardíaco sul-africano que realizou a primeira operação de transplante cardíaco do mundo entre humanos e o primeiro em que o paciente recuperou a consciência?

6) Quem foi o virologista e pesquisador médico americano que desenvolveu uma das primeiras vacinas bem-sucedidas contra a poliomielite?

7) Quem foi o inventor, bioquímico e microbiologista judeu-americano nascido na Ucrânia cuja pesquisa sobre a decomposição dos organismos que vivem no solo permitiu a descoberta da estreptomicina e de vários outros antibióticos?

8) Ele foi um cirurgião britânico e um pioneiro da cirurgia antisséptica. Suas pesquisas em bacteriologia e infecção em feridas elevaram sua técnica operatória a um novo plano onde suas observações, deduções e práticas revolucionaram a cirurgia em todo o mundo. Dê um nome a ele?

9) Ele foi um médico escocês que fez descobertas importantes em parasitologia e foi um dos fundadores do campo da medicina tropical. Ele descobriu que a filariose em humanos é transmitida por mosquitos. Sua descoberta invocou diretamente a teoria da mosquito-malária, que se tornou a base da malariologia. Deu-lhe um nome?

10) Ele foi um médico inglês que fez contribuições influentes para a anatomia e fisiologia. Ele foi o primeiro médico conhecido a descrever completamente, e em detalhes, a circulação sistêmica e as propriedades do sangue sendo bombeado para o cérebro e o resto do corpo pelo coração. Dê um nome a ele?

Quiz 23: Quiz Espacial 01

Perguntas

1) Quem foi o engenheiro e inventor americano a quem é creditada a criação e construção do primeiro foguete alimentado a líquido do mundo?

2) Em 1961, quem se tornou o primeiro americano a viajar para o espaço pela nave espacial Freedom 7?

3) Quem foi o cientista russo e soviético de foguetes e pioneiro da teoria astronáutica que foi considerado um dos pais fundadores da moderna fogueteria e astronáutica?

4) Quem foi o piloto e cosmonauta das Forças Aéreas Soviéticas que se tornou o primeiro humano a viajar para o espaço exterior, alcançando um marco importante na Corrida Espacial por cápsula, a Vostok 1?

5) Ele foi um piloto de testes soviético, engenheiro aeroespacial e cosmonauta. Ele se tornou o primeiro cosmonauta soviético a voar duas vezes no espaço quando foi selecionado como piloto solo do Soyuz 1, seu primeiro vôo de teste da tripulação. Uma falha no pára-quedas fez com que sua cápsula Soyuz caísse no chão após a reentrada em 24 de abril de 1967, tornando-o o primeiro humano a morrer em um vôo espacial. Quem foi ele?

6) Ela foi a primeira e mais jovem mulher a voar no espaço com uma missão solo no Vostok 6 em 16 de junho de 1963. Ela orbitou a Terra 48 vezes, passou quase três dias no espaço, e continua sendo a única mulher a ter estado em uma missão espacial solo. Quem era ela?

7) Era uma astronauta americana, que viajou para o espaço três vezes e para a Lua duas vezes. A partir de hoje, ele foi a última pessoa a caminhar na Lua. Quem era ele?

8) Era um ex-piloto da Força Aérea Indígena que voou a bordo do Soyuz T-11 em 3 de abril de 1984 com o programa Interkosmos. Ele é o único cidadão indiano a viajar no espaço. Dê um nome a ele?

9) Foi a primeira mulher americana no espaço em 1983 e também serviu nos comitês que investigaram os desastres do Ônibus Espacial Challenger e Columbia, a única pessoa a participar de ambos. Quem é ela?

10) Ela foi a primeira mulher judia de qualquer nacionalidade no espaço, que morreu quando o Ônibus Espacial Challenger foi destruído durante o lançamento da missão.

Quiz 24: Quiz Astronomia 01

Perguntas

1) Descoberto em 1915 por Robert Innes, Qual é a estrela conhecida mais próxima do Sol?

2) Qual é o maior objeto da cintura principal de asteróides que se encontra entre as órbitas de Marte e Júpiter, com um diâmetro de 940 km?

3) Um planeta anão é um novo termo que os astrônomos adotaram em 2006 como parte de uma categorização de corpos em órbita do Sol. sua região vizinha de planetesimais (discos de destroços) e não é um satélite de qualquer outro corpo, a IAU reconheceu cinco planetas anões no sistema solar. Qual deles é o maior, também o nono maior corpo a orbitar diretamente o Sol, e é estimado em aproximadamente 2.300 a 2.400 km de diâmetro (cerca de um quarto da massa da Terra)?

4) Conhecida coloquialmente como a "Dog Star", refletindo seu destaque em sua constelação, Canis Major, é a estrela mais brilhante no céu noturno que é quase duas vezes mais brilhante que Canopus, a próxima estrela mais brilhante. O que é esta estrela?

5) Foi um cometa periódico da família Júpiter, registrado pela primeira vez em 1772 por Montaigne e Messier e finalmente identificado como periódico em 1826. Posteriormente, foi observado a dividir-se em dois e não é visto desde 1852. Qual é o nome deste cometa?

6) É um cometa de curto período visível da Terra a cada 75-76 anos. É o único cometa de curto período conhecido que é regularmente visível a olho nu da Terra, e o único cometa de olhos nus que pode aparecer duas vezes em uma vida humana. Ele apareceu pela última vez nas partes internas do Sistema Solar em 1986 e aparecerá em seguida em meados de 2061. Qual é o nome deste cometa?

7) É a maior lua de Saturno e o segundo maior satélite natural do Sistema Solar. É a única lua conhecida por ter uma atmosfera densa, e o único corpo conhecido no espaço, além da Terra, onde evidências claras de corpos estáveis de líquido superficial foram encontradas. O que é isso?

8) Com um diâmetro de 5268 km, é a maior e mais maciça das luas do Sistema Solar e é a maior sem uma atmosfera substancial. O que é isso?

9) Foi um cometa que se partiu em julho de 1992 e colidiu com Júpiter em julho de 1994, proporcionando a primeira observação direta de uma colisão extraterrestre de objetos do Sistema Solar. O que é isso?

10)Era um cometa de longo período com o nome do astrônomo italiano. Foi o cometa mais brilhante que apareceu no século XIX e foi também o primeiro cometa a ser fotografado. Qual é o nome deste cometa?

<u>Quiz 25: Quiz de Biologia</u>

<u>Perguntas</u>

1) corpo humano é uma produção notável de evolução. Há apenas um osso em nosso corpo humano que não está ligado a outro osso. É um osso em forma de U na base da língua e é apoiado por músculos no pescoço. Como se chama este osso?

2) Quais são os tipos de gatos mais conhecidos como sendo inteiramente sem tailes?

3) Enquanto baleias e golfinhos não são peixes, mas sim mamíferos. A maior espécie de peixe vivo é uma criatura de movimentos lentos que se alimenta com filtro, como as baleias: elas se alimentam de matéria em suspensão e partículas de alimento da água. O maior indivíduo registrado tinha 12,6 metros de comprimento e o mais pesado pesava mais de 36 toneladas. Qual é o nome comum dado a esta espécie de peixe?

4) Qual é a ave sem vôo extinta que era endêmica da ilha de Maurício?

5) Este pigmento é o principal determinante da cor da pele em humanos, e também desempenha um papel fundamental na decisão da cor de nossos cabelos e olhos. Ele ajuda a proteger os olhos dos raios ultra-violetas nocivos do sol. Qual é o nome deste pigmento?

6) Estas aves são nativas das Américas e constituem a família biológica Trochilidae. Eles são as menores das aves e têm a maior taxa metabólica de massa específica de qualquer animal homeotérmico. Qual é esta raça de pássaros?

7) maior mamífero terrestre, o elefante, é cerca de 357.000 vezes maior do que o menor mamífero terrestre. Qual é o menor mamífero conhecido do mundo por massa corporal, pesando apenas cerca de 1,8 gramas em média?

8) Quem é a pequena ave passerelle mais conhecida por seu canto poderoso e belo?

9) Qual é a substância mais dura do corpo humano e contém a maior porcentagem de minerais (96%), com água e material orgânico compondo o resto?

10) É um grande gato nativo da África e do Irã central. É o animal terrestre mais rápido, capaz de correr a 80 a 128 km/h (50 a 80 mph), e como tal tem várias adaptações para a velocidade, incluindo uma construção leve, pernas longas e finas, e uma longa cauda. Dê um nome a ele?

<u>Quiz 26: Espaço e Astronomia Quiz 01</u>

<u>Perguntas</u>

1) Lançada em 12 de setembro de 1959, foi a primeira nave espacial a alcançar a superfície da Lua, e o primeiro objeto feito pelo homem a fazer contato com outro corpo celestial. O que é isso?

2) Era um orbital retirado do programa de ônibus espacial da NASA e o quinto e último ônibus espacial operacional construído. Foi construído a partir de peças de reposição originalmente destinadas ao Challenger e aos outros vaivéns da frota. O que é este vaivém espacial?

3) Onde está situado o principal porto espacial da Agência Espacial Européia?

4) Canadá é o terceiro país do mundo a construir seu satélite, que foi lançado na órbita terrestre em 29 de setembro de 1962 por um foguete americano. Este satélite foi usado para estudar a ionosfera, uma área da atmosfera superior, e sua missão durou 10 anos antes de ser deliberadamente desligado. Ele ainda está orbitando a Terra. Qual era seu nome?

5) Em 1970, o Japão se tornou a quarta nação a lançar um satélite artificial em órbita de sucesso por si só. Qual foi o primeiro satélite japonês colocado em órbita?

6) Com que nome é conhecido o primeiro local onde os astronautas pousaram na Lua durante as missões Apollo em julho de 1969?

7) Quem foi a segunda mulher no espaço que passou um tempo na estação espacial Salyut-7 em 1982?

8) Em 2006, a NASA lançou uma sonda espacial à borda do Sistema Solar, Em 14 de julho de 2015, ela voou 12.500 km acima da superfície de Plutão, tornando-a a primeira nave espacial a explorar o planeta anão. Como se chama esta espaçonave?

9) Nomear o astronauta da NASA que detém o recorde de vôo espacial mais longo por uma mulher (328 dias)?

10)No sistema solar o que são os dois planetas que não têm luas?

Quiz 27: Doenças Fatais

Perguntas

1) É uma doença viral que se propaga através de mosquitos. Provoca febre e fortes dores articulares. Outros sintomas incluem dor muscular, dor de cabeça, náusea, fadiga e erupção cutânea. Segundo a Organização Mundial da Saúde, não há cura para a doença. Ela foi descrita pela primeira vez durante um surto em 1952, na Tanzânia. O que é esta doença?

2) Paludismo é um nome antigo para qual doença?

3) Por qual nome é conhecida a doença de Wool sorters?

4) Qual é a doença causada pelo envenenamento por cádmio devido à mineração na Prefeitura de Toyama, Japão, a partir de 1912?

5) Também conhecida como doença de Hansen (HD), é uma infecção de longo prazo pela bactéria Mycobacterium leprae Infection pode levar a danos aos nervos, trato respiratório, pele e olhos. Tem sido historicamente associada ao estigma social, que continua a ser uma barreira à auto-relatação e ao tratamento precoce. A separação das pessoas afetadas, ao colocá-las em colônias, ainda ocorre em algumas áreas. O que é esta doença?

6) Foi uma doença que foi descoberta pela primeira vez na Província de Kumamoto, no Japão, em 1956. Ela foi causada pela liberação de metilmercúrio nas águas residuais industriais de uma fábrica química de

propriedade da Chisso Corporation, que continuou de 1932 a 1968. Qual é o nome desta doença?

7) Era uma doença viral infecciosa do gado, búfalos domésticos e muitas outras espécies de ungulados de dentes pares. Era transmitida principalmente por contato direto e por beber água contaminada e as taxas de mortalidade durante os surtos eram geralmente extremamente altas, aproximando-se de 100% em populações imunologicamente ingênuas. Após uma campanha global de erradicação desde meados do século 20, o último caso confirmado foi diagnosticado em 2001. O que é esta doença?

8) Trata-se de uma doença infecciosa altamente contagiosa causada por um vírus. É extremamente contagiosa - nove em cada dez pessoas que não são imunes e compartilham o espaço vital com uma pessoa infectada serão infectadas. Entre aproximadamente 1855 e 2005, estima-se que tenha matado cerca de 200 milhões de pessoas em todo o mundo. A vacinação resultou em uma redução de 80% das mortes por esta doença entre 2000 e 2017, com cerca de 85% das crianças em todo o mundo tendo recebido sua primeira dose a partir de 2017. O que é esta doença?

9) Foi uma doença infecciosa causada por uma de duas variantes do vírus, Variola major e Variola minor. O risco de morte após a contração da doença era de cerca de 30%, com taxas mais altas entre os bebês. É a primeira doença infecciosa a ter sido erradicada através de uma vacina. Dê um nome a esta doença?

10)ALS Ice Bucket Challenge, que se tornou viral em sites de mídia social em 2014, é uma atividade que envolve jogar um balde de água gelada na cabeça de alguém para promover a conscientização da doença Esclerose Lateral Amiotrófica e para incentivar doações para pesquisas. Como se chama a doença ALS comumente conhecida como?

<u>Quiz 28: Science Quiz 02</u>

<u>Perguntas</u>

1) Muitas vezes chamada de "partícula de Deus", é uma hipotética partícula elementar maciça e elementar que se prevê existir pelo Modelo Padrão da Física de Partículas. As experiências da partícula estão sendo realizadas atualmente usando o Grande Colisor de Hadron (LHC) no CERN. Qual é o nome mais científico dado a este artigo?

2) Ele foi um famoso médico e microbiologista pioneiro. Como fundador da bacteriologia moderna, ele é conhecido por seu papel na identificação dos agentes causadores específicos da tuberculose, cólera e antraz e por dar apoio experimental ao conceito de doença infecciosa. Como resultado de suas pesquisas inovadoras sobre tuberculose, ele recebeu o Prêmio Nobel de Fisiologia ou Medicina em 1905. Dê um nome a ele?

3) Supercondutividade é um conjunto de propriedades físicas observadas em certos materiais onde a resistência elétrica desaparece e os campos de fluxo magnético são expelidos do material. Os supercondutores requerem temperaturas muito baixas, na ordem de 39 kelvins (menos 234 C, ou menos 389 F) para os supercondutores convencionais. Este fenômeno foi descoberto por um físico holandês que recebeu o Prêmio Nobel da Física de 1913. Este fenômeno foi descoberto em 1911 por um físico holandês. Dê um nome a ele?

4) Ela foi a segunda mulher a receber o Prêmio Nobel de Fisiologia ou Medicina, depois de Gerty Cori. Nomeie o físico médico americano e um co-vencedor de 1977. Prêmio Nobel de Fisiologia ou Medicina junto com Roger Guillemin e Andrew Schally?

5) A Escala Richter Magnitude foi publicada em 1935 e imediatamente se tornou a medida padrão de intensidade do terremoto. Ela foi desenvolvida conjuntamente por Charles F. Richter e seu colega e mentor no Instituto de Tecnologia da Califórnia. Quem é este sismólogo germano-americano que fez várias contribuições importantes para a ciência?

6) "The Fields Medal", oficialmente conhecida como Medalha Internacional pelas Descobertas Notáveis em Matemática, é um prêmio concedido a um máximo de 4 matemáticos, não maiores de 40 anos de idade. Junto com o Prêmio Abel, a Medalha Fields tem sido frequentemente descrita como o "Prêmio Nobel da Matemática". Quem foi a senhora que se tornou a primeira mulher a receber esta medalha?

7) Embora os diamantes tenham sido usados por humanos por mais de 6.000 anos, foi somente em 1772 que um conhecido químico francês provou que ela é feita inteiramente de carbono. Este cientista usou uma lente para concentrar os raios do sol sobre um diamante em uma atmosfera de oxigênio e mostrou que o único produto da queima era dióxido de carbono, provando que o diamante é composto de carbono. Quem era este cientista?

8) Com o símbolo Og e o número atômico 118, ele é um elemento químico superpesado. Ele foi identificado pela primeira vez em 2002 por uma equipe conjunta de cientistas russos e americanos. Em dezembro de 2015, foi reconhecido como um dos quatro novos elementos pelo Grupo de Trabalho Conjunto dos organismos científicos internacionais IUPAC e IUPAP. O que é este elemento?

9) Ele foi um físico teórico americano que compartilhou o Prêmio Nobel de Física em 1965 por suas contribuições para o desenvolvimento da eletrodinâmica quântica. Ele ajudou no desenvolvimento da bomba atômica durante a Segunda Guerra Mundial e ficou conhecido de um grande público na década de 1980 como membro do painel que investigou o desastre do Ônibus Espacial Challenger. Dê um nome a ele?

10) Rubella, também conhecida como sarampo alemão ou sarampo de três dias, foi descrita pela primeira vez por médicos alemães em meados do século XVIII. Esta doença é freqüentemente leve e os ataques muitas vezes passam despercebidos. A doença pode durar de um a três dias. O nome "rubéola" é derivado do latim. O que significa?

<u>Quiz 29: Space Pioneers</u>

<u>Perguntas</u>

1) Quem é o cosmonauta soviético que registrou o recorde mundial no número de passeios espaciais realizados (16), e o tempo acumulado de passeios espaciais (mais de 82 horas)?

2) Ela é uma aviadora e cosmonauta soviética aposentada que voou a bordo da Soyuz T-7 em 1982, tornando-se a segunda mulher no espaço. Em sua missão Soyuz T-12 de 1984, ela se tornou a primeira mulher a voar duas vezes para o espaço, e a primeira mulher a realizar uma caminhada pelo espaço. Dê-lhe um nome.

3) Foi astronauta da NASA americana, engenheiro aeronáutico, oficial naval e aviador, piloto de testes, e comandou a missão espacial Apollo 12, na qual se tornou o terceiro homem a caminhar na Lua. Dê um nome a ele?

4) Em 3 de junho de 1965, este astronauta se tornou o primeiro americano a caminhar no espaço. Ele morreu em 27 de janeiro de 1967, ao lado dos astronautas Virgil "Gus" Grissom e Roger B. Chaffee em um incêndio durante os testes pré-lançamento da Apollo 1 no Cabo Canaveral, Flórida. Quem é ele?

5) É uma geóloga americana e ex astronauta da NASA. Membro da tripulação em três missões do ônibus espacial, ela foi a primeira mulher americana a caminhar no espaço em 11 de outubro de 1984. Em 7 de junho de 2020, ela se tornou a primeira mulher a mergulhar nas profundezas do Challenger Deep in the Mariana Trench, a parte mais profunda dos oceanos da Terra. Dê um nome a ela?

6) Ele é o detentor do recorde da mais longa estadia individual no espaço na história da humanidade, ficando a bordo da estação espacial Mir por mais de 14 meses (437 dias 18 horas) durante uma viagem. Dê-lhe um nome.

7) Ele é a única pessoa a ter pilotado e comandado quatro classes diferentes de naves espaciais: Gemini, o Módulo de Comando e Serviço Apollo, o Módulo Lunar Apollo, e o Ônibus Espacial. Ele desfrutou da mais longa carreira de qualquer astronauta, tornando-se a primeira pessoa a pilotar seis missões espaciais durante 42 anos de serviço ativo da NASA. Quem é ele?

8) Ele é um aviador aposentado da Força Aérea do Vietnã. Ele se tornou o primeiro cidadão vietnamita e o primeiro asiático não-soviético no espaço quando voou a bordo da missão Soyuz 37 como um Cosmonauta de Pesquisa Interkosmos. Quem é ele?

9) Em 2017, este astronauta se tornou o primeiro astronauta feminino a comandar duas vezes a Estação Espacial Internacional. Ela é a astronauta mais experiente da NASA até hoje. Este total foi mais tempo no espaço do que qualquer outro americano e qualquer outra mulher no mundo. Quem é ela?

10)Quem é a cosmonauta russa que atualmente detém o recorde mundial de mais tempo passado no espaço, com 879 dias? Dê um nome a ele?

Quiz 30: Espaço e Astronomia Quiz 02

Perguntas

1) Todos os sete tripulantes morreram quando o Challenger explodiu e se separou no meio do vôo enquanto decolava em sua 10ª missão, na manhã de 28 de janeiro de 1986. Entre eles estava o primeiro civil americano rigoroso a ir para o espaço como parte do programa espacial americano. Ela havia sido selecionada a partir de uma busca em todo o país e seria a primeira professora no espaço. Quem era ela?

2) Qual foi a primeira estação espacial dos Estados Unidos, ocupada por cerca de 24 semanas entre maio de 1973 e fevereiro de 1974?

3) Em sua última missão, em março de 2011, ela havia voado um total de 148 milhões de milhas (238 milhões de km) em 39 missões, completou 5.830 órbitas terrestres e passou um total de 365 dias em órbita em mais de 27 anos. Qual ônibus espacial voou o maior número de missões?

4) Quem descobriu Plutão em 1930? Na época da descoberta, Plutão era considerado um planeta, mas foi posteriormente reclassificado como um planeta anão em 2006?

5) Este ônibus de teste foi originalmente planejado para ser nomeado Constituição, mas uma campanha maciça de fãs da série de televisão Star Trek convenceu a Casa Branca a mudar o nome para o nome da nave espacial futurista dessa série. Qual era o nome?

6) Nomeado em homenagem ao famoso astrônomo indiano. Foi o primeiro satélite da Índia que foi lançado em 19 de abril de 1975. Qual é o nome da nave?

7) Os viajantes espaciais têm sido chamados de nomes diferentes, dependendo de quais programas espaciais das nações os enviaram ao espaço. Os americanos e o mundo ocidental usam o astronauta, enquanto os russos usam o termo cosmonauta. Por que nome são conhecidos os viajantes espaciais chineses?

8) Quem foi o astrônomo americano mais famoso por ter descoberto as duas luas de Marte, que são Deimos e Fobos?

9) Quem é o astrônomo alemão que descobriu o planeta Netuno?

10) Quem foi o primeiro astronauta que completou o primeiro passeio espacial desamarrado utilizando a Unidade de Manobras Manobradas?

Respostas

Quiz 01: Oscar Quiz 01

1) Citizen Kane
2) Elizabeth Taylor
3) Tom Hanks
4) Godfather (1972) and Godfather II (1974)
5) Lord of the Rings: The Return of the King
6) Flowers and Trees
7) Janet Gaynor
8) Vivien Leigh
9) Dr. Haing S. Ngor
10) Daniel Day-Lewis

Quiz 02: Mídia & Televisão

1) National Geographic Magazine
2) Briton Hadden and Henry Luce
3) Sir Patrick Moore
4) Jim Henson
5) Joan Ganz Cooney and Lloyd Morrisett
6) Coronation Street
7) The Economist
8) Unshackled!
9) The Yomiuri Shimbun
10) Reader's Digest

Quiz 03: Caráteres Famosos

1) Doctor Dolittle
2) Shaggy Rogers
3) Dr.John H Watson
4) Tarzan of the Apes
5) Captain Nemo
6) Hannibal Lecter
7) Edmon Dantes
8) Hercule Poirot
9) Professor Calculus
10)Buzz Lightyear

Quiz 04: Cinema 01

1) The Crow
2) Mary Poppins
3) Madonna
4) The Seven Year Itch
5) Marty
6) Aan
7) Sandra Bullock
8) Liberace
9) John Wayne
10)Chris Columbus

Quiz 05: Literatura

1) Vaclav Havel
2) Arthur C. Clarke
3) John le Carre
4) A Study in Scarlet
5) Dario Fo
6) Alexander Beliaev
7) Daphne du Maurier
8) Sarat Chandra Chattopadhyay
9) Fahrenheit 451
10)Agatha Christie

Quiz 06: Cinema 02

1) Sean Connery
2) The Purple Plain
3) Ben Kingsley
4) Lagaan
5) Seven Years in Tibet
6) The Jazz Singer
7) Borris Karloff
8) Amitabh Bachchan
9) Francis Ford Coppola
10)Charlie Chaplin

<u>Quiz 07: Desenhos animados famosos</u>

1) Herge
2) Anpanman
3) Rene Goscinny & Albert Uderzo
4) Jumbo, Jr
5) Walt Disney
6) Hank Ketcham
7) Walter Lantz & Ben Hardaway
8) Garfield
9) The Flintstones
10) Buggs Bunny

<u>Quiz 08: Quiz 02 dos Prêmios da Academia</u>

1) Bhanu Athaiya
2) Dersu Uzala
3) Alan Menken
4) Richard Attenborough
5) Meryl Streep
6) Rachel Portman
7) Sidney Poitier
8) Warren Beatty
9) Peter O'Toole
10) Roberto Benigni

Quiz 09: Grandes diretores de cinema

1) David lean
2) Alfred Hitchcock
3) Satyajit Ray
4) James Cameron
5) Cecil B. DeMille
6) Steven Spielberg
7) William Wyler
8) Akira Kurosawa
9) John Ford
10)Ang Lee

Quiz:10 Nomeie o filme

1) Gone with the Wind
2) The Birth of a Nation
3) Ben-Hur
4) The Godfather
5) It Happened One Night
6) Forest Gump
7) Toy Story
8) Saving Private Ryan
9) Doctor NO
10)The Fast and the Furious

<u>Quiz 11: Quem é esse jogador de futebol?</u>

1) Marco van Basten
2) Robertto Bagio
3) Eusibio
4) Gabriel Batistuta
5) Garrincha
6) Andrés Escobar
7) Just Fontaine
8) Geoff Hurst
9) Laurent Blanc
10) Franz Beckenbauer

<u>Quiz 12: Questionário das Olimpíadas 01</u>

1) Pierre de Coubertin
2) Panathenaic Stadium
3) Chamonix
4) James Brendan Connolly
5) Charlotte Cooper
6) Spyridon Louis
7) Carl Schuhmann
8) Edwin Flack
9) William DeHart Hubbard
10) Dimitrios Loundras

Quiz 13: Campeões Olímpicos de 100 metros

1) Thomas Burke
2) Betty Robinson
3) Fanny Blankers-Koen
4) Carl Lewis
5) Linford Christie
6) Wyomia Tyus
7) Donovan Bailey
8) Reginald Walker
9) Yulia Nestsiarenka
10)Justin Gatlin

Quiz 14: Questionário de Críquete 01

1) Brian Lara
2) Lala Amarnath
3) Iftikhar Ali Khan Pataudi
4) Headingley
5) Eric Hollies
6) Billy Midwinter
7) Warren Bardsley
8) Fred Spofforth
9) George Headley
10)Harold Larwood

Quiz 15: Questionário de Tênis

1) Althea Gibson
2) Fred Perry
3) Steffi Graf
4) Bjorn Borg
5) Arthur Ashe
6) Martina Navratilova
7) Marat Safin and Dinara Safina
8) Jimmy Conors
9) Monica Seles
10) Rod Laver

Quiz 16: Misture esportes Questionário

1) Polo
2) 09
3) Naim Suleymanoglu
4) Magnus Carlsen
5) Dirk Nowitzki
6) Vitaly Scherbo
7) William George Morgan
8) Kano Jigoro
9) Al Oerter
10) Steve Redgrave

Quiz 17: Questionário das Olimpíadas

1) Lausanne, Switzerland
2) Britain
3) Yugoslavia in 1980 & Argentina in 2004
4) Bob Beamon
5) Larisa Latynina
6) Elizabeth Cuthbert
7) Mikio oda
8) Demetrios Vikelas
9) Oscar Swahn
10) Greg Louganis

Quiz 18: Grandes pugilistas

1) Lennox Lewis
2) Muhammad Ali
3) Joe Louis
4) George Foreman
5) Rocky Marciano
6) Joe Frazier
7) Mike Tyson
8) Floyd Mayweather Jr.
9) Evander Holyfield
10) Manny Pacquiao

<u>Quiz 19: Grandes nadadores</u>

1) Dawn Fraser
2) Ian Thorpe
3) Kirsty Coventry
4) Jason Lezak
5) Jenny Thompson
6) Alexander Popov
7) Katinka Hosszu
8) Pieter van den Hoogenband
9) Kristin Otto
10)Anthony Ervin

<u>Quiz 20: Questionário de Críquete 02</u>

1) Glenn Turner
2) Allan Border
3) Adam Parore
4) 01
5) Paul Collingwood
6) Graeme Smith
7) Ricky ponting
8) Sanath Jayasuriya
9) Jason Gillespie
10)Jack MacBryan

Quiz 21: Science Quiz 01

1) Tímpano
2) Hanseníase
3) Louise Brown
4) Wolfram
5) Óxido Nitroso
6) Cana-de-açúcar
7) Bacillus Calmette-Guérin
8) A Teoria do Big Bang
9) Fotossíntese
10) Basenji

Quiz 22: Grandes Médicos

1) Ronald Ross
2) Louis Pasteur
3) Edward Jenner
4) Alexander Fleming
5) Christiaan Barnard
6) Jonas Salk
7) Selman A. Waksman
8) Joseph Lister
9) Sir Patrick Manson
10) William Harvey

Quiz 23: Space Quiz 01

1) Robert Hutchings Goddard
2) Alan B. Shepard
3) Konstantin Tsiolkovsky
4) Yuri Gagarin
5) Vladimir Komarov
6) Valentina Tereshkova
7) Eugene Cernan
8) Comandante da Ala Rakesh Sharma
9) Sally Kristen Ride
10)Judith Resnik

Quiz 24: Quiz Astronomia 01

1) Proxima Centauri
2) Ceres
3) Eris
4) Sirius
5) Biela's Comet
6) Cometa Halley's
7) Titã
8) Ganímedes
9) Cometa Shoemaker-Levy 9
10)Cometa Donati

Quiz 25: Quiz de Biologia

1. osso hióide
2. Manx cat
3. tubarão-baleia
4. Dodô
5. Melanina
6. Beija-flor
7. musaranho Etrusco
8. Rouxinol
9. Esmalte
10. Chita

Quiz 26: Espaço e Astronomia Quiz 01

1. Luna 02
2. Endeavor
3. Kourou
4. Alouette 1
5. Ohsumi
6. Mar de Tranquilidade
7. Svetlana Savitskaya
8. Novos Horizontes
9. Christina Koch
10. Mercúrio e Vênus

Quiz 27: Doenças Fatais

1. Chikungunya
2. Paludismo
3. Anthrax
4. Doença de Itai-Itai
5. Hanseníase
6. Doença de Minamata
7. Rinderpest
8. Sarampo
9. Varíola
10. A doença de Lou Gehrig

Quiz 28: Science Quiz 02

1. Bóson Higgs
2. Robert Koch
3. Heike Kamerlingh Onnes
4. Rosalyn Sussman Yalow
5. Beno Gutenberg
6. Maryam Mirzakhani
7. Antoine Lavoisier
8. Oganesson
9. Richard Phillips Feynman
10. Um pouco de vermelho

Quiz 29: Space Pioneers

1) Anatoly Solovyev
2) Svetlana Savitskaya
3) Charles "Pete" Conrad Jr.
4) Edward Higgins White II
5) Kathryn D. Sullivan
6) Valeri Polyakov
7) John Watts Young
8) Pham Tuan
9) Peggy Whitson
10) Gennady Padalka

Quiz 30: Espaço e Astronomia Quiz 02

1) Christa McAuliffe
2) Skylab
3) Descoberta
4) Clyde Tombaugh
5) Empresa
6) Aryabhata
7) Taikonauts
8) Asaph Hall III
9) Johann Gottfried Galle
10) Bruce McCandless II